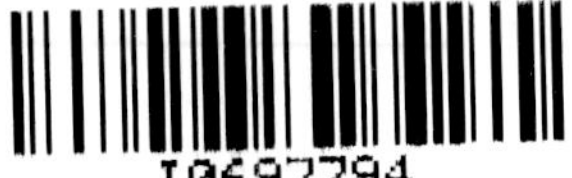

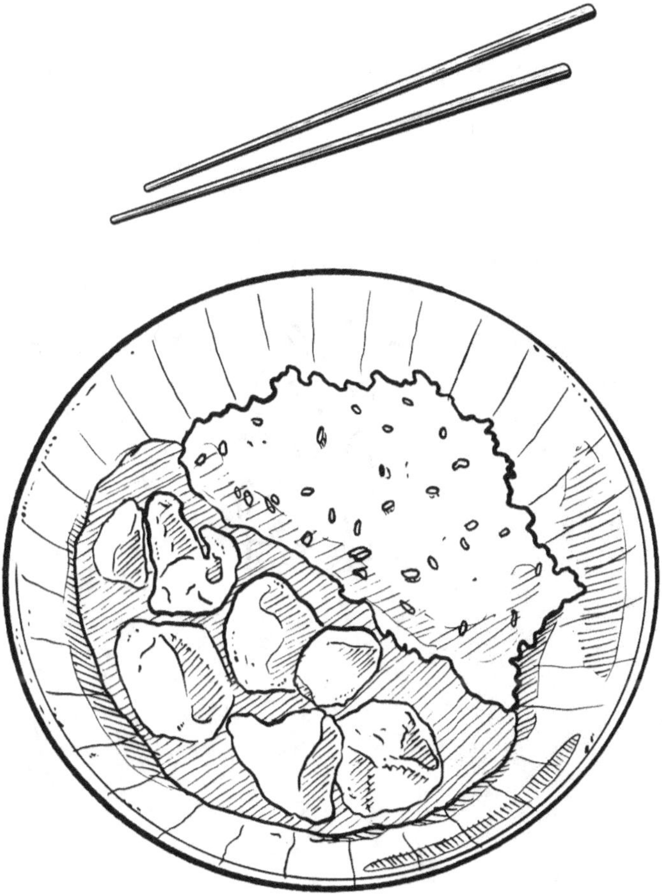

I0697794

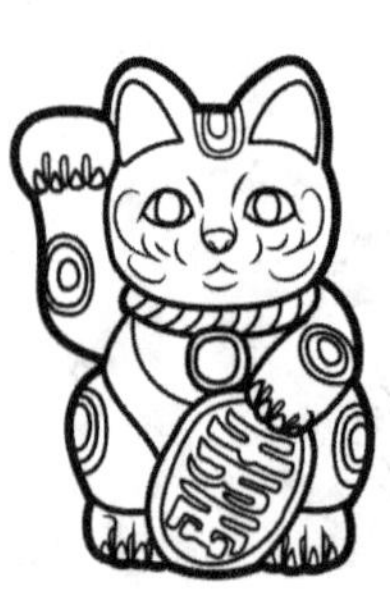

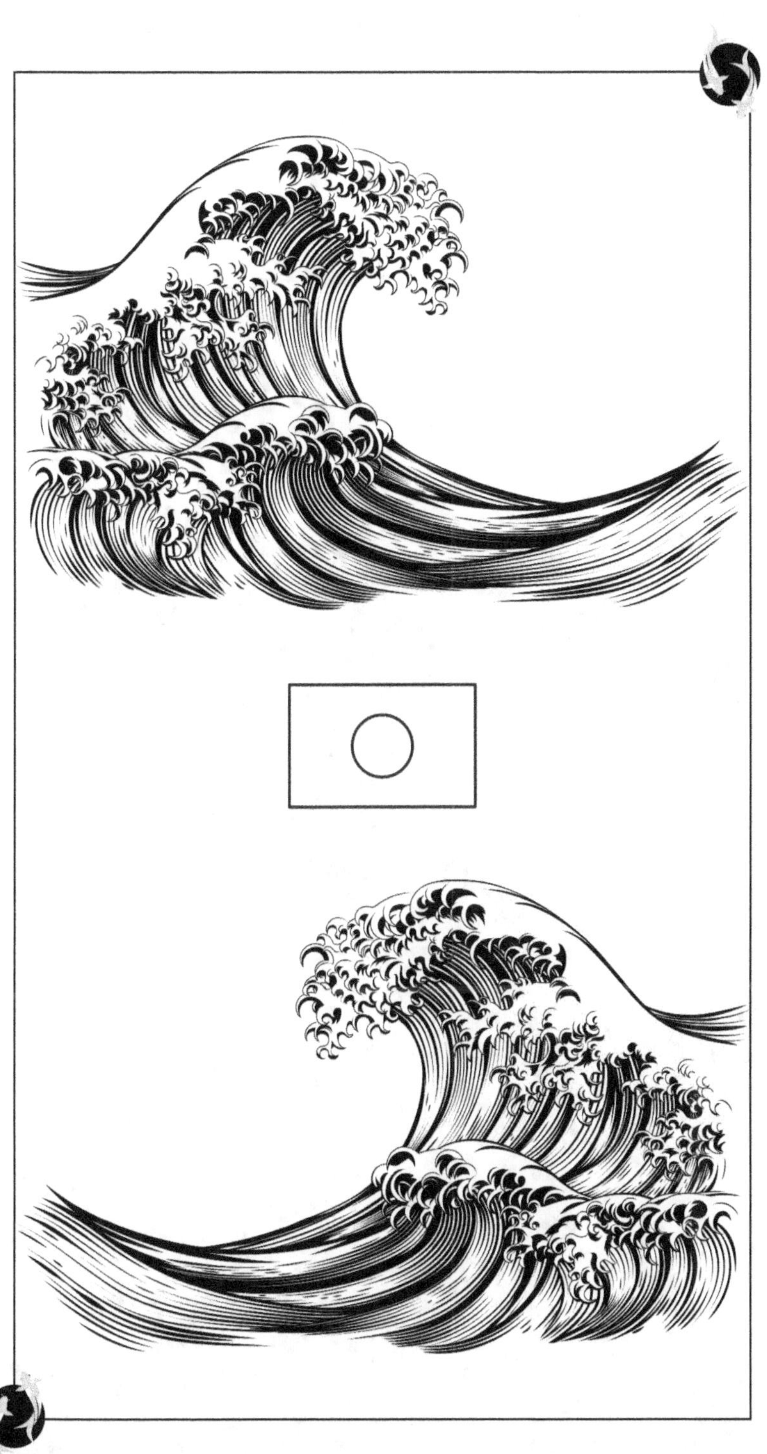

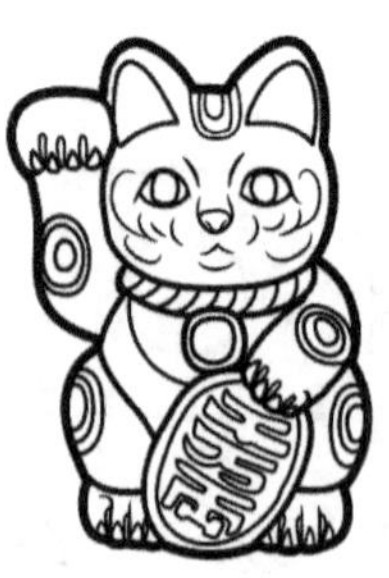

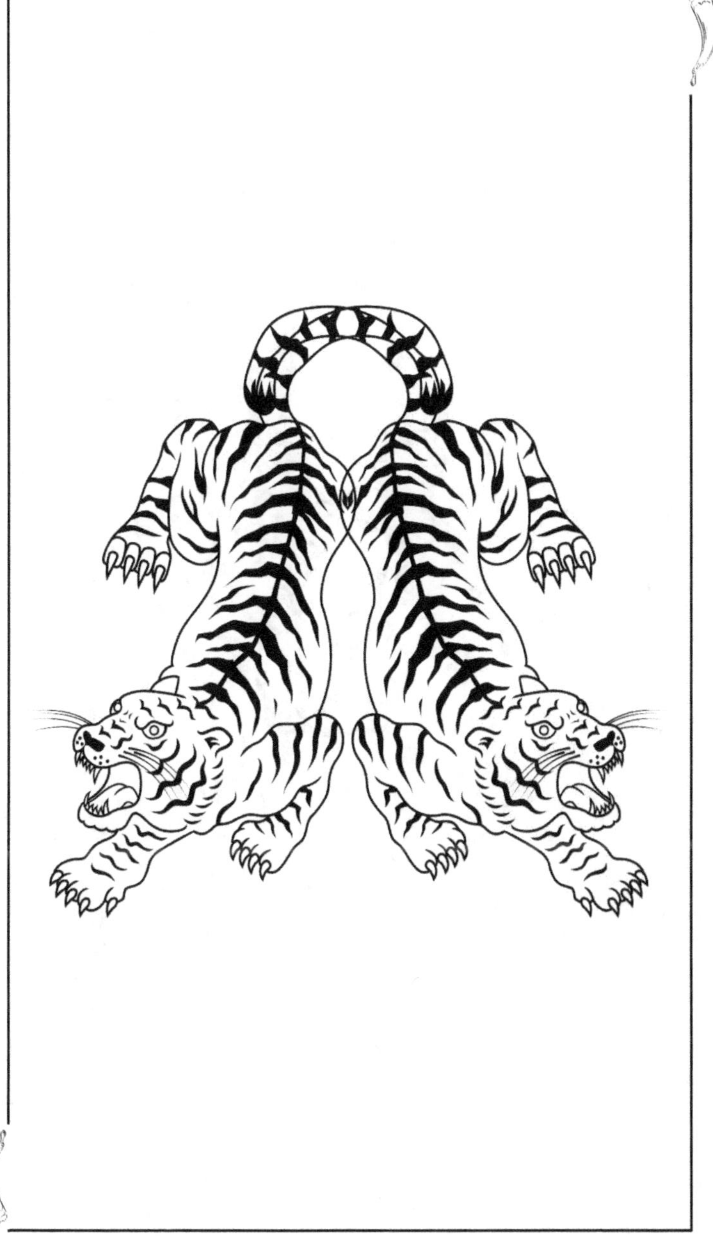

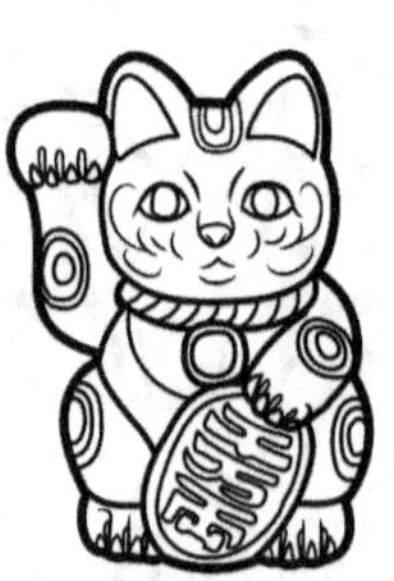

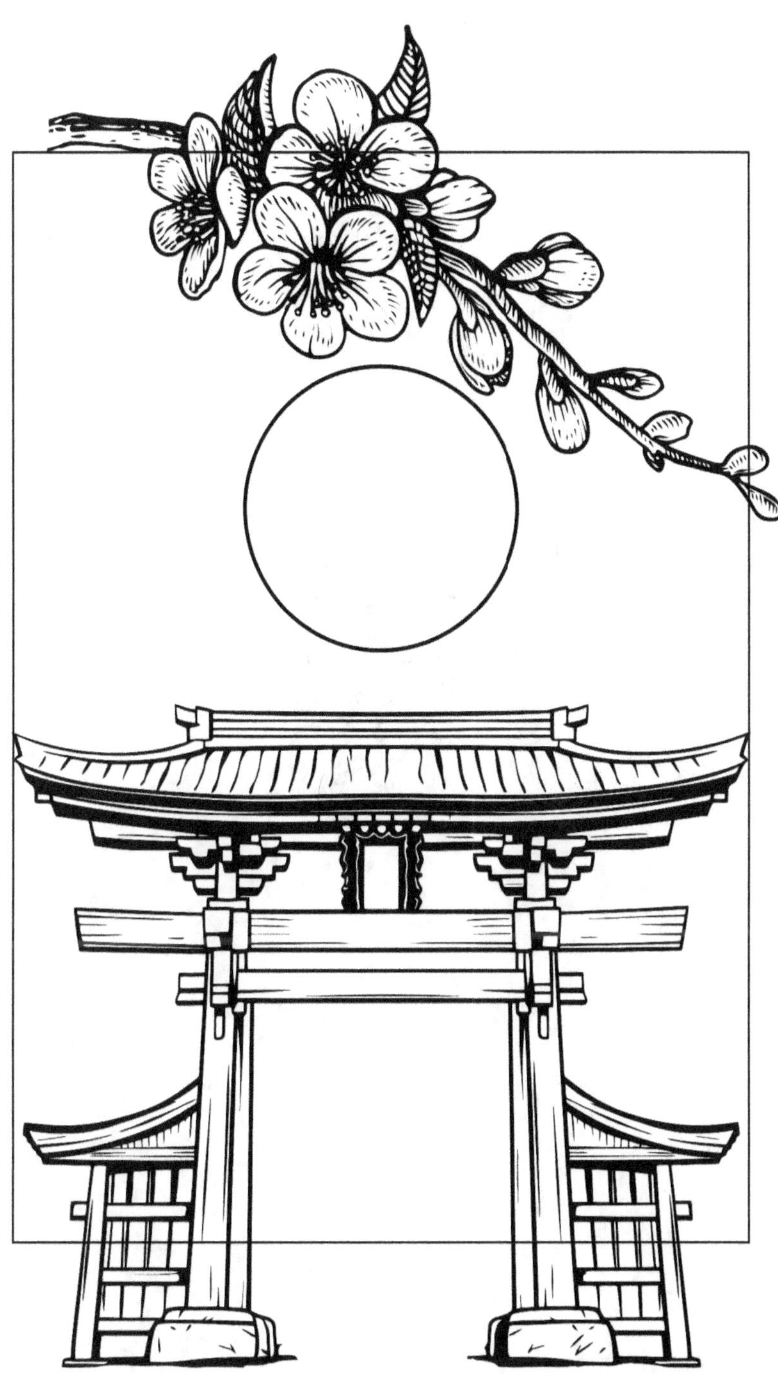

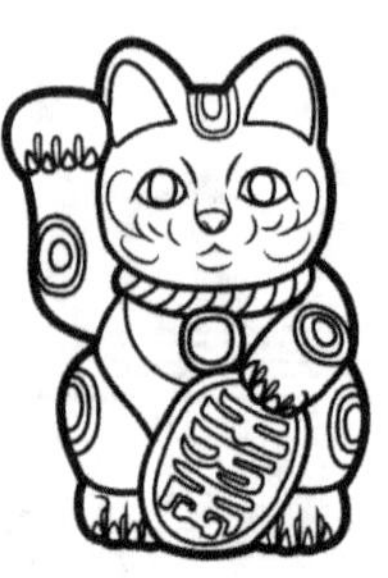

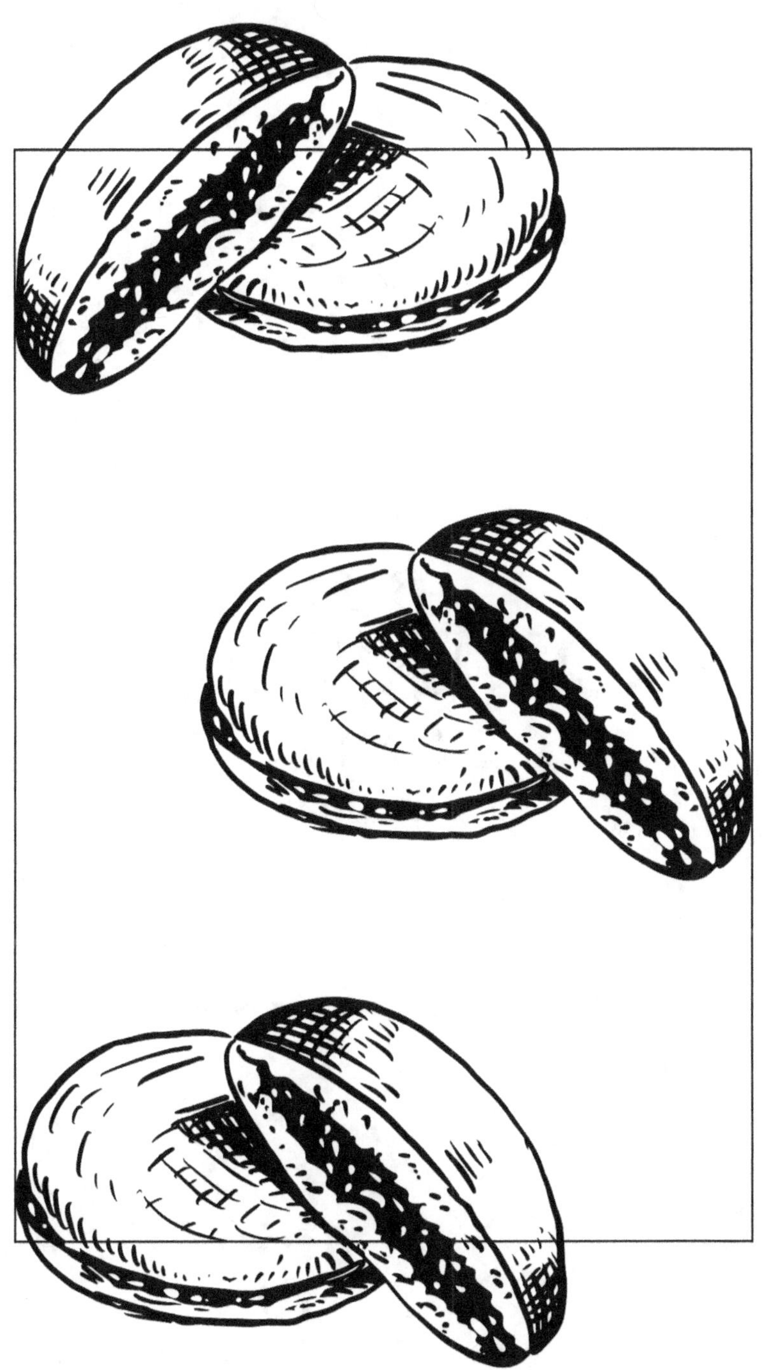

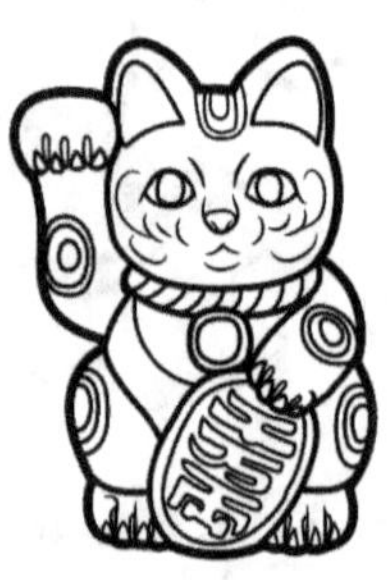

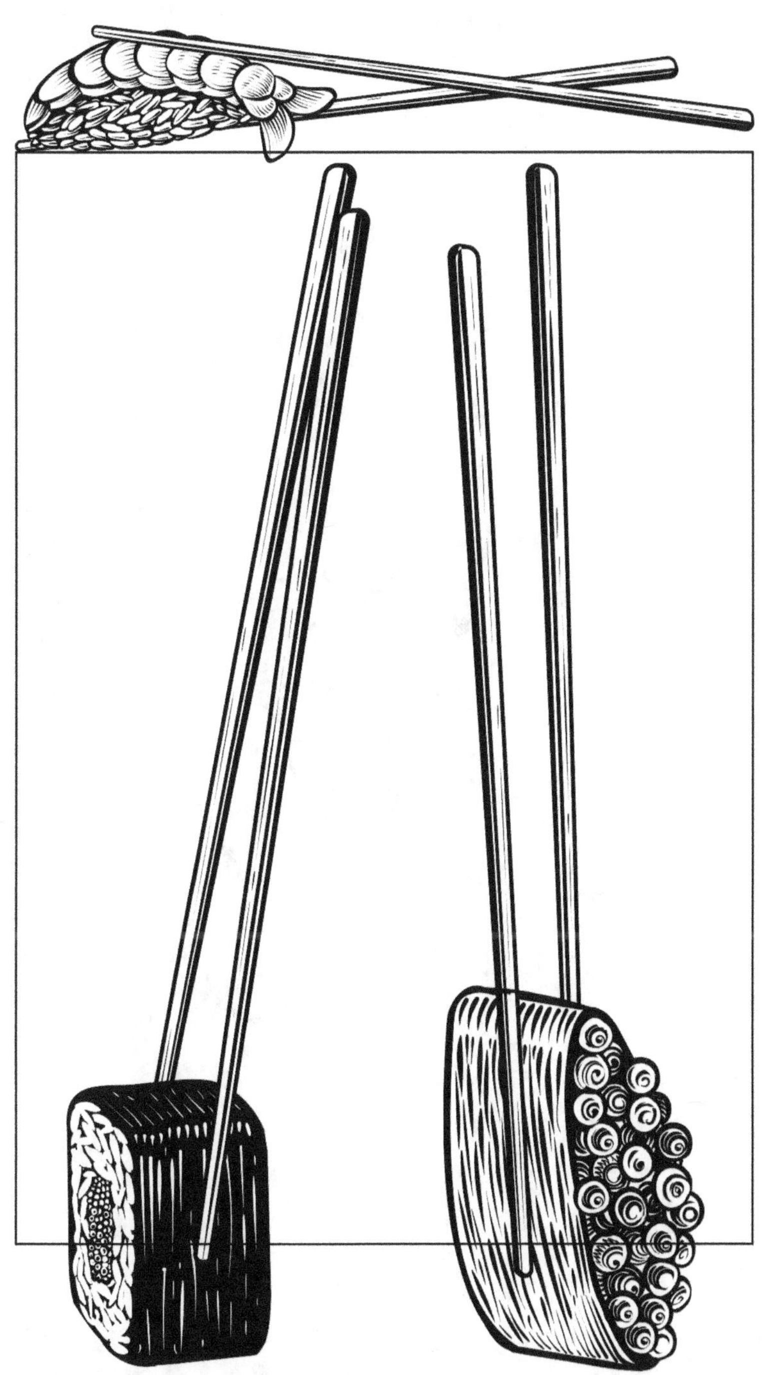

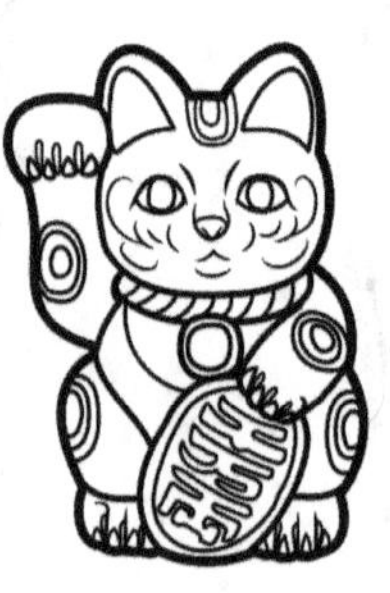

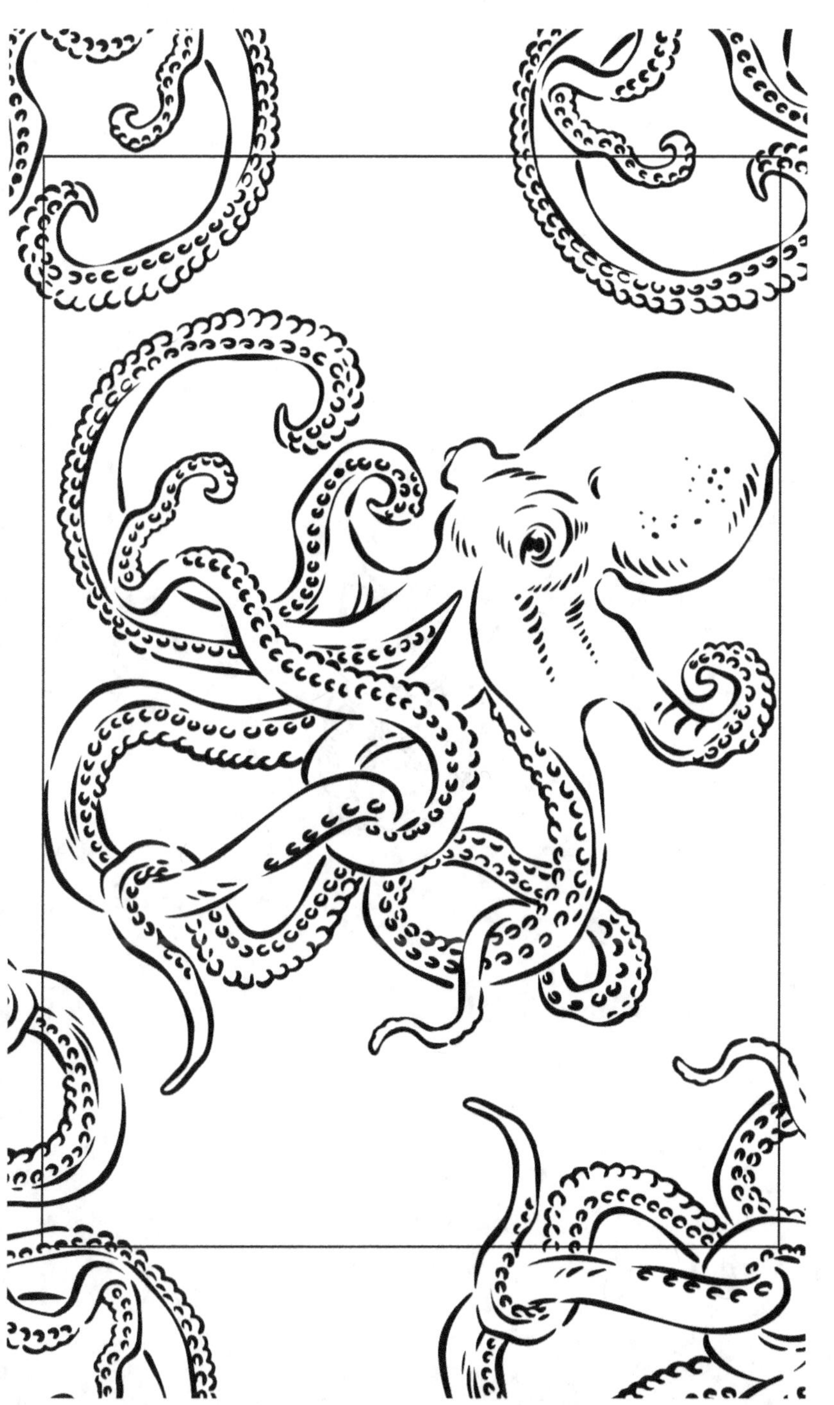

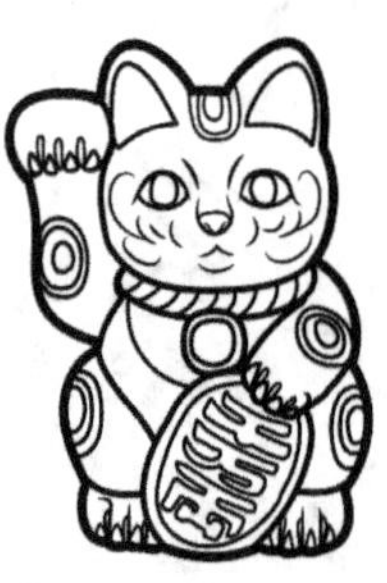

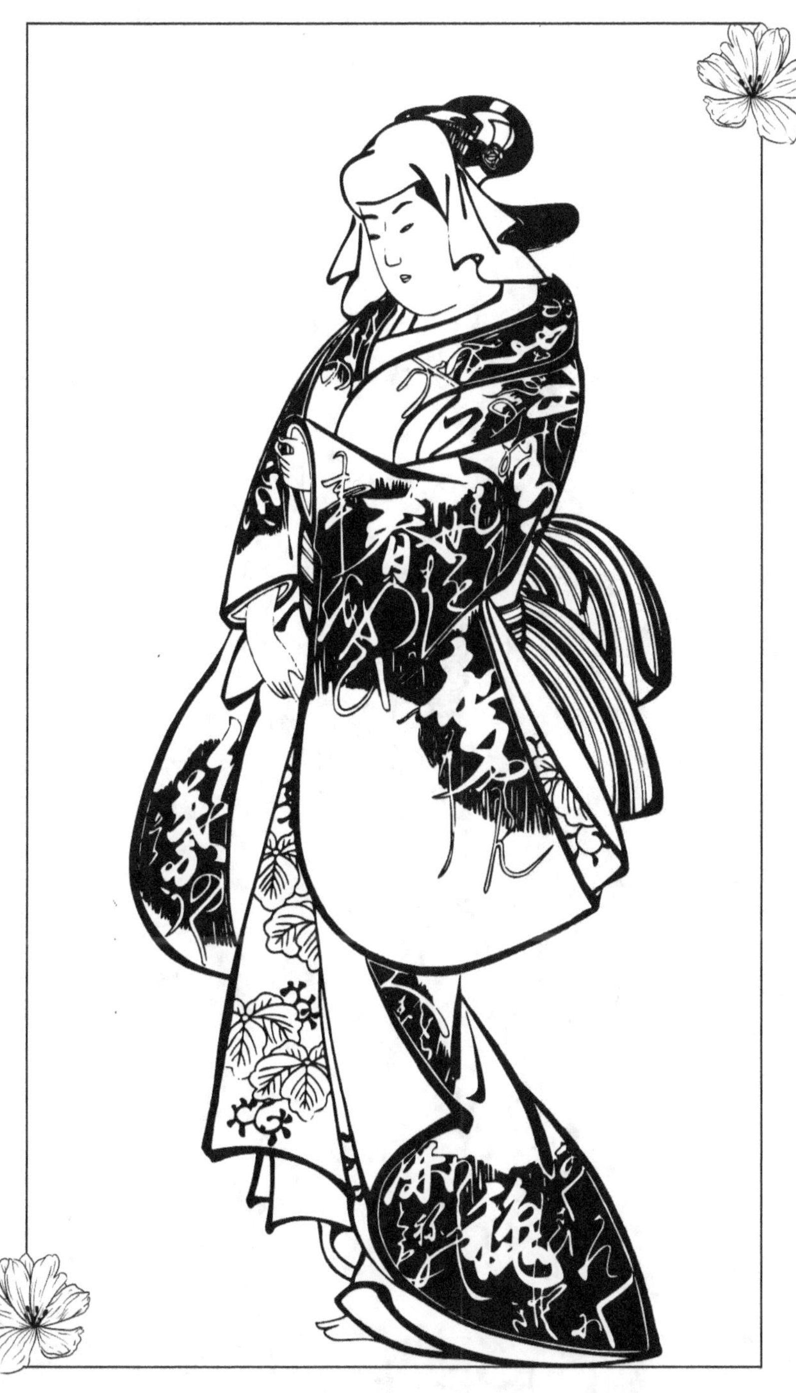

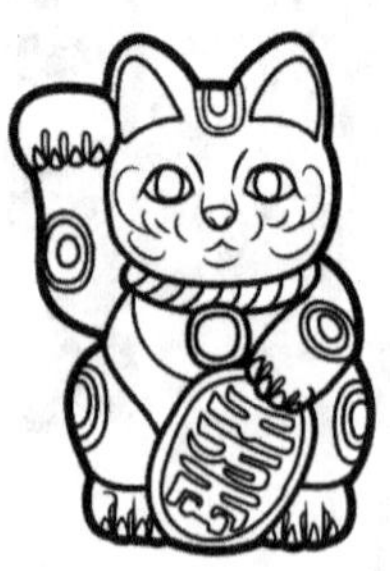

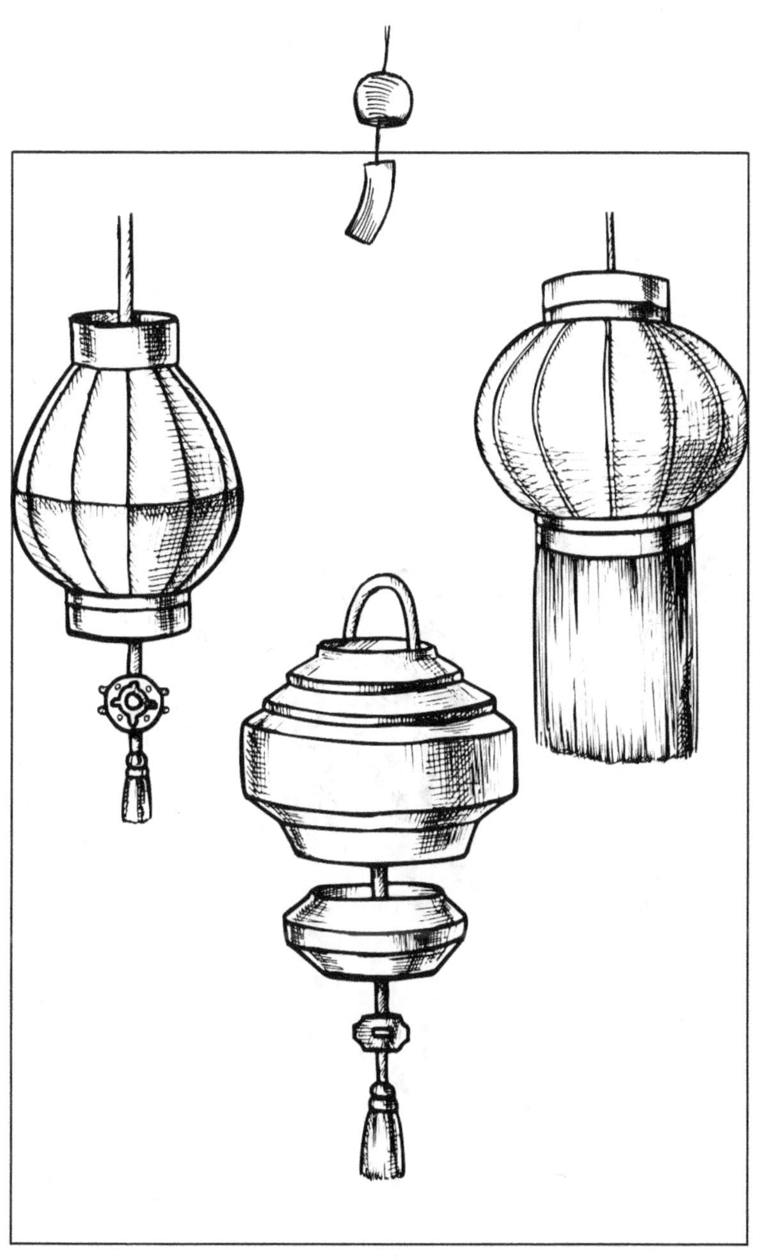

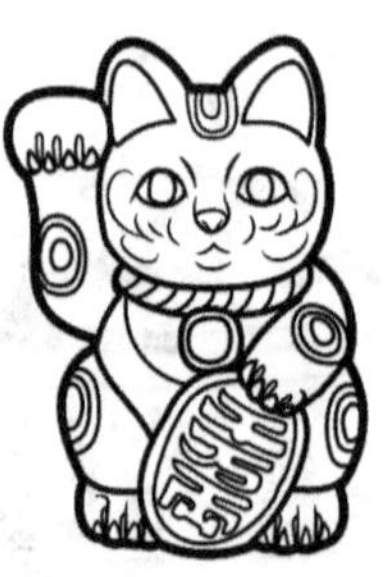

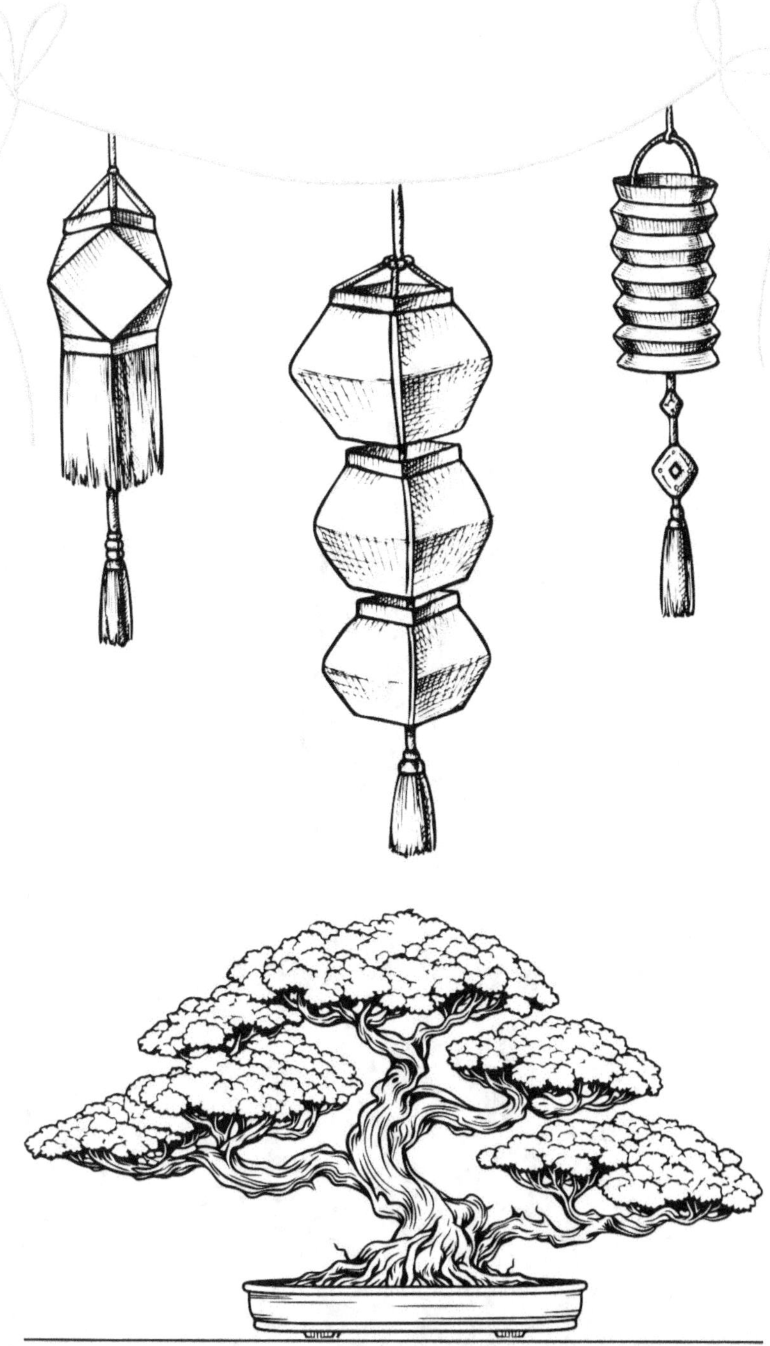

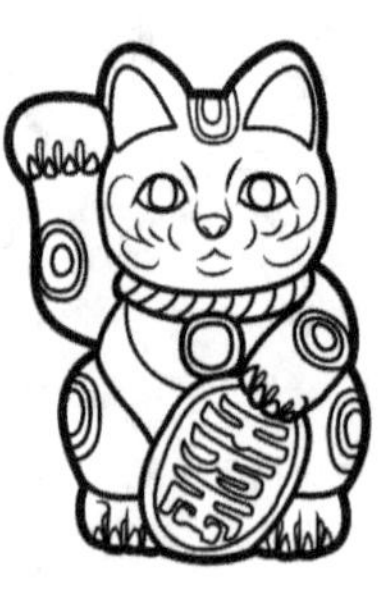

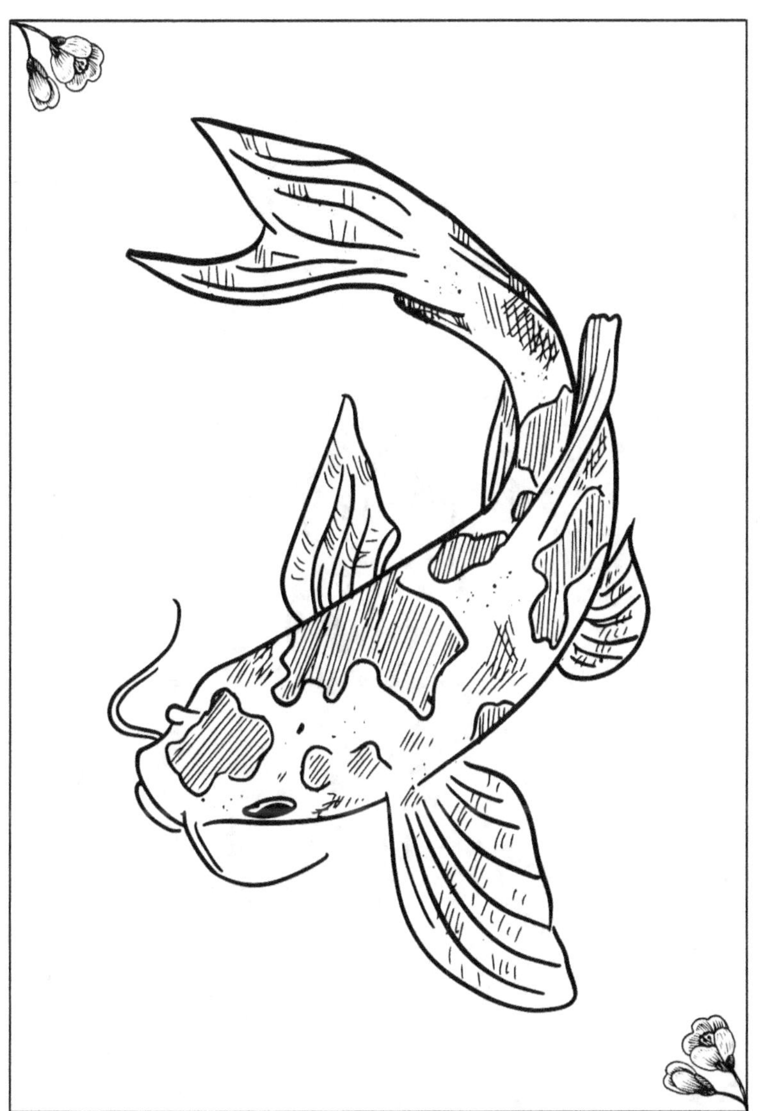

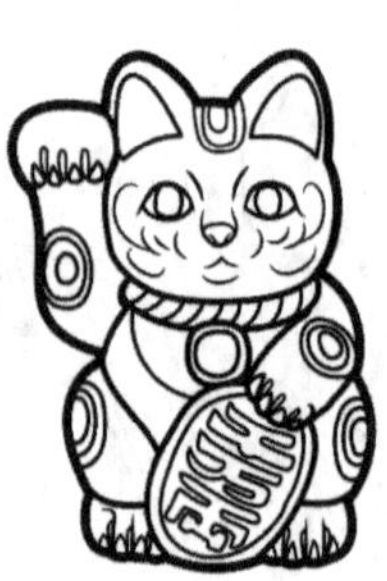

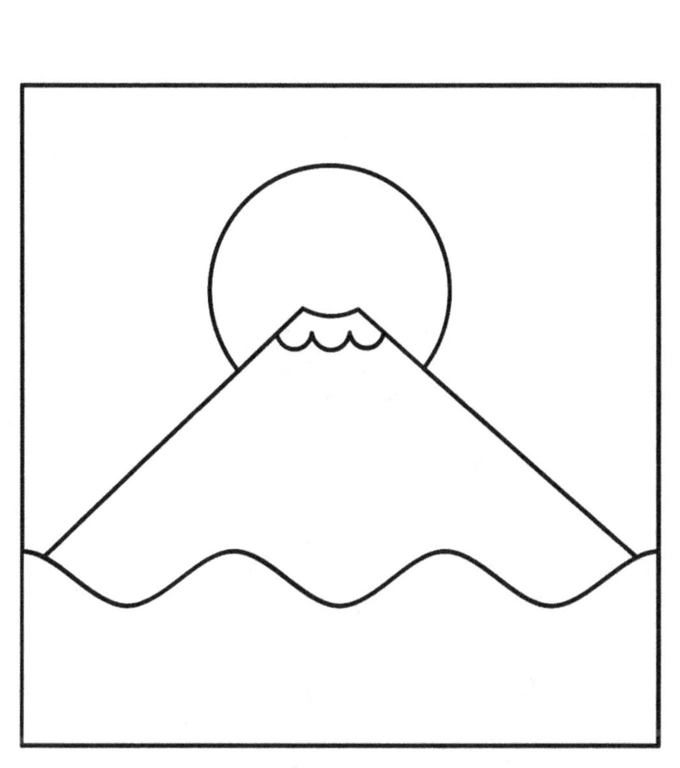

JAPAN

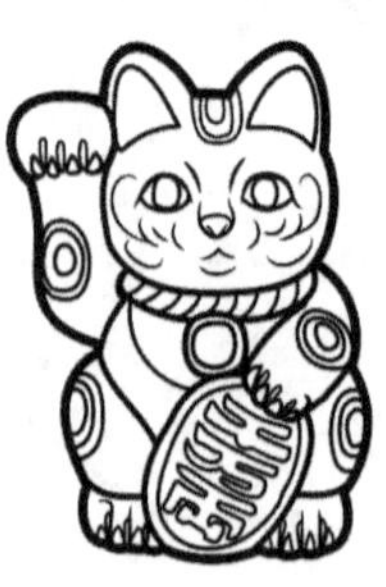

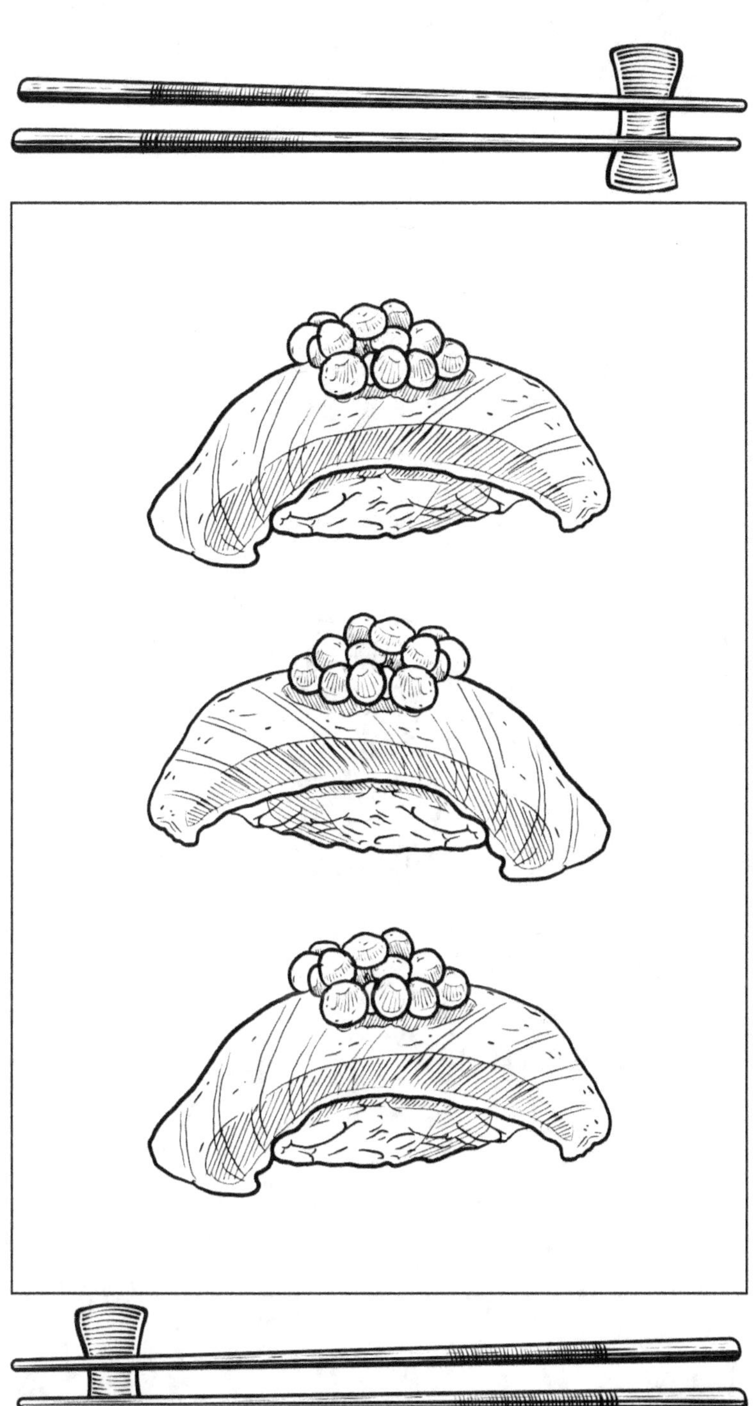

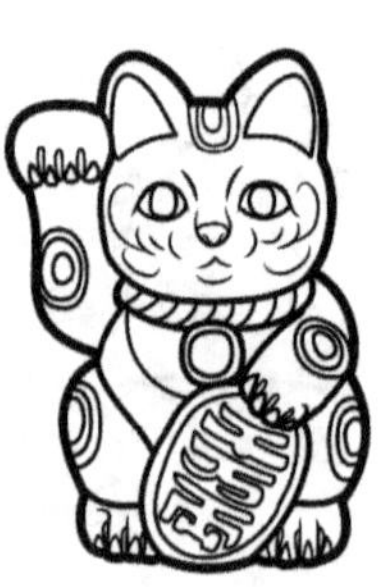

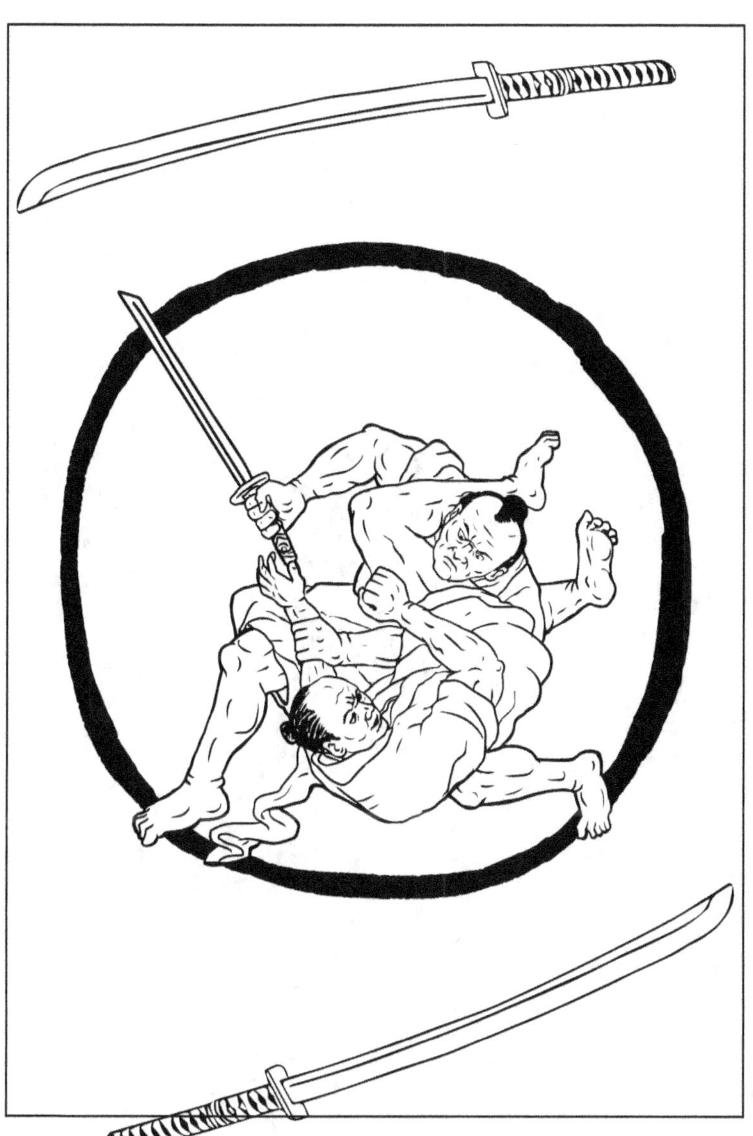

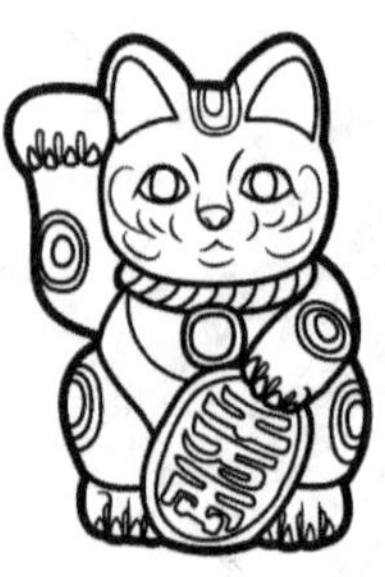

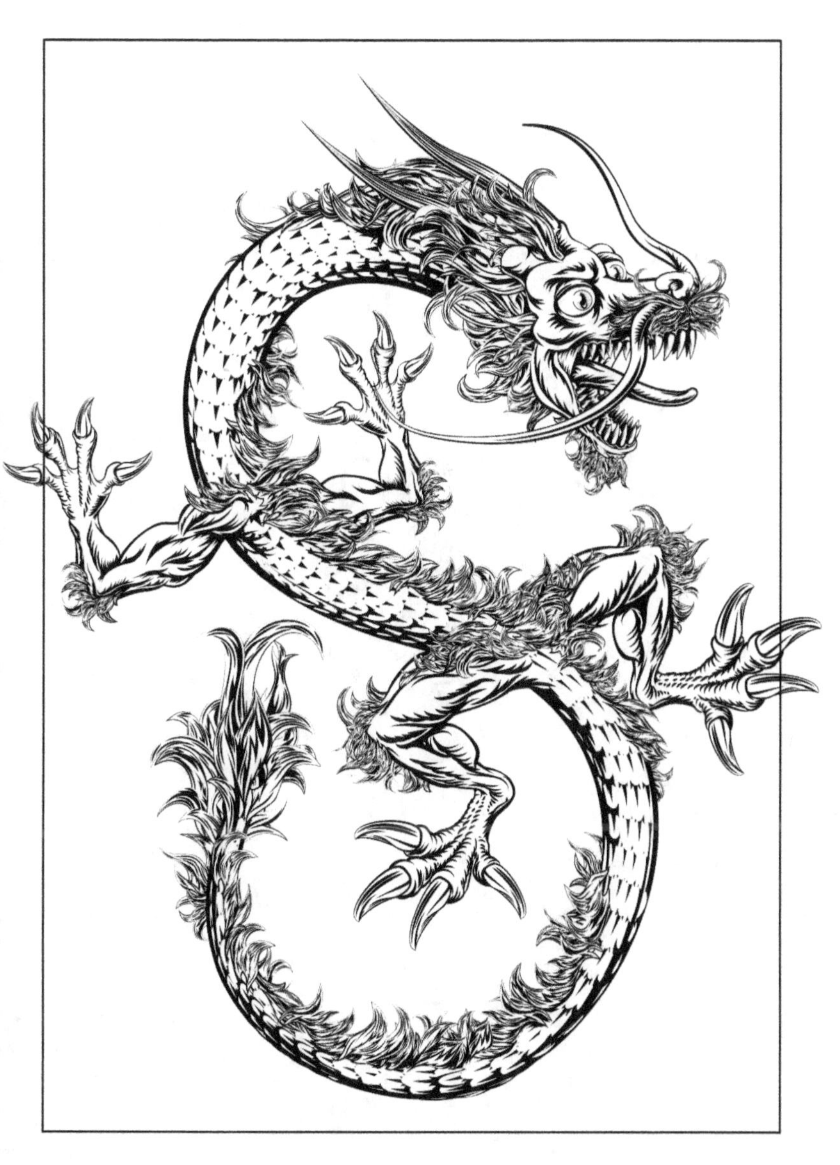

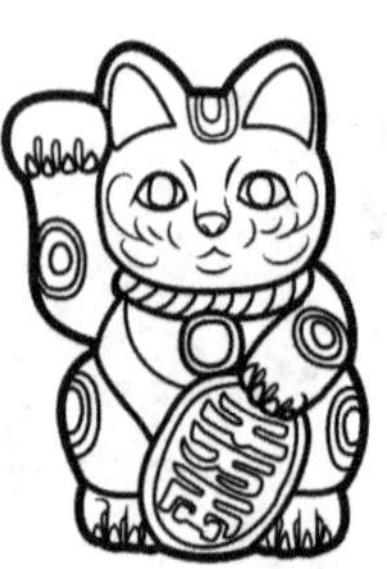

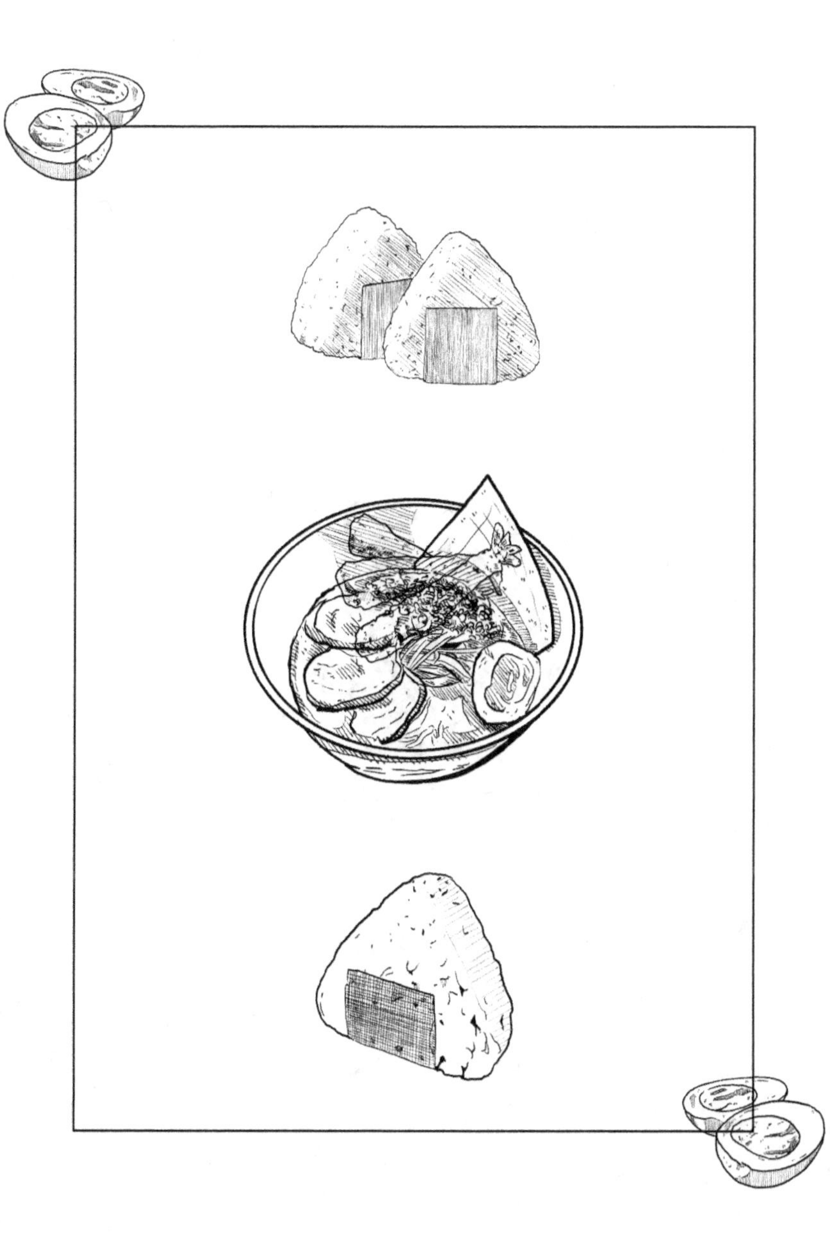

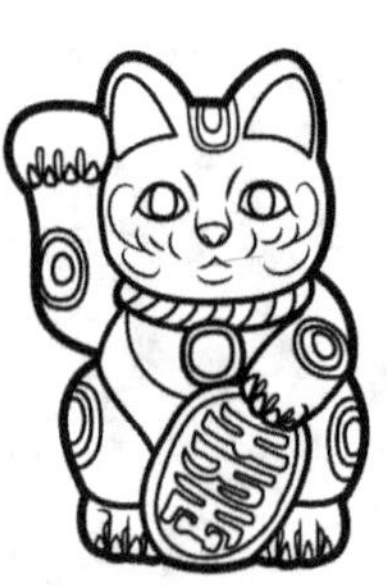

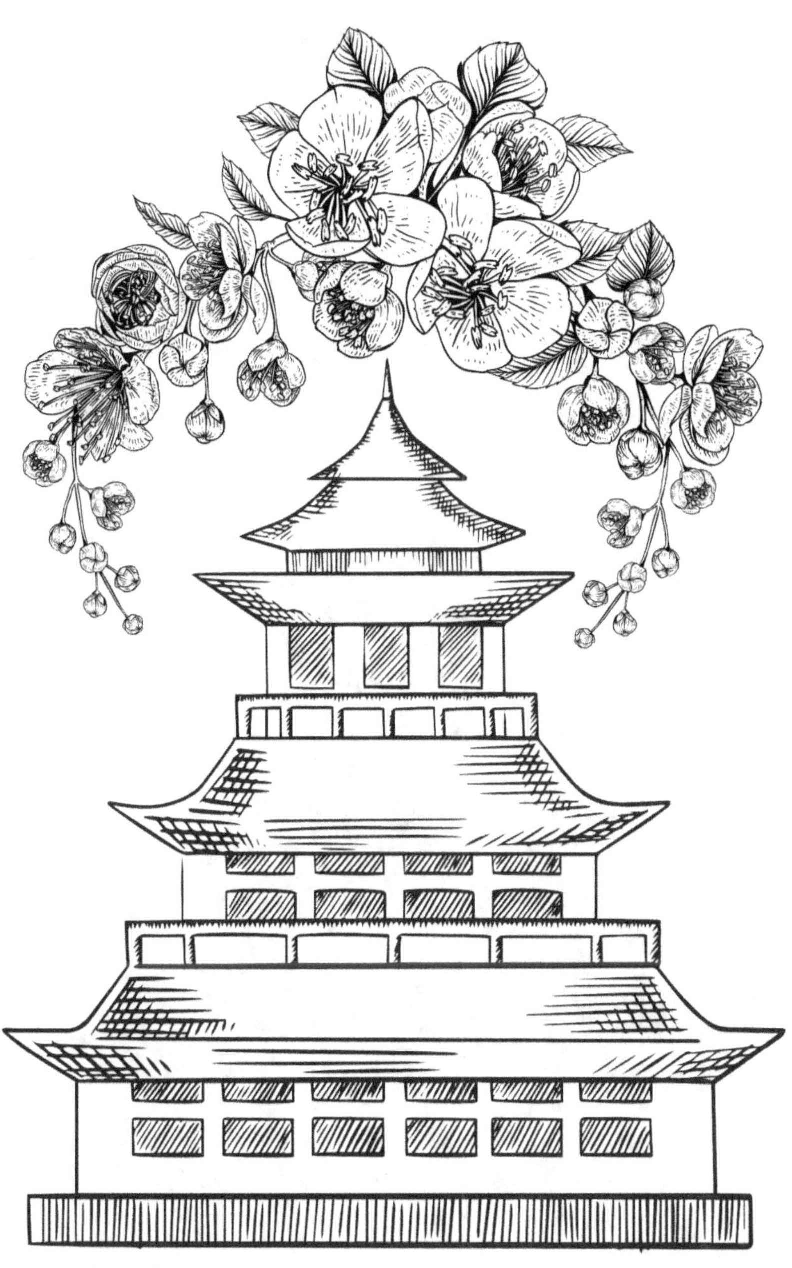

私は天の意志には従うことしかできませんが、こ
の人たちの意志には従うことはできません

Eiji Yoshikawa

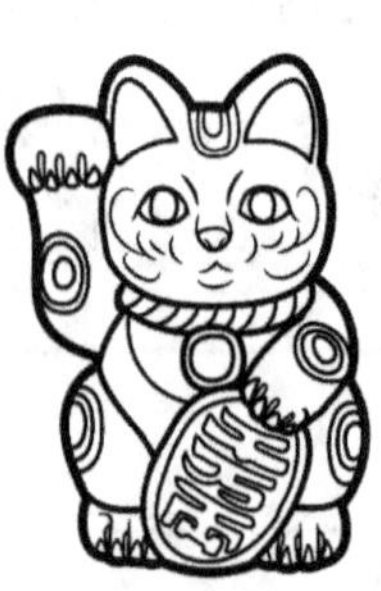

ありがとう

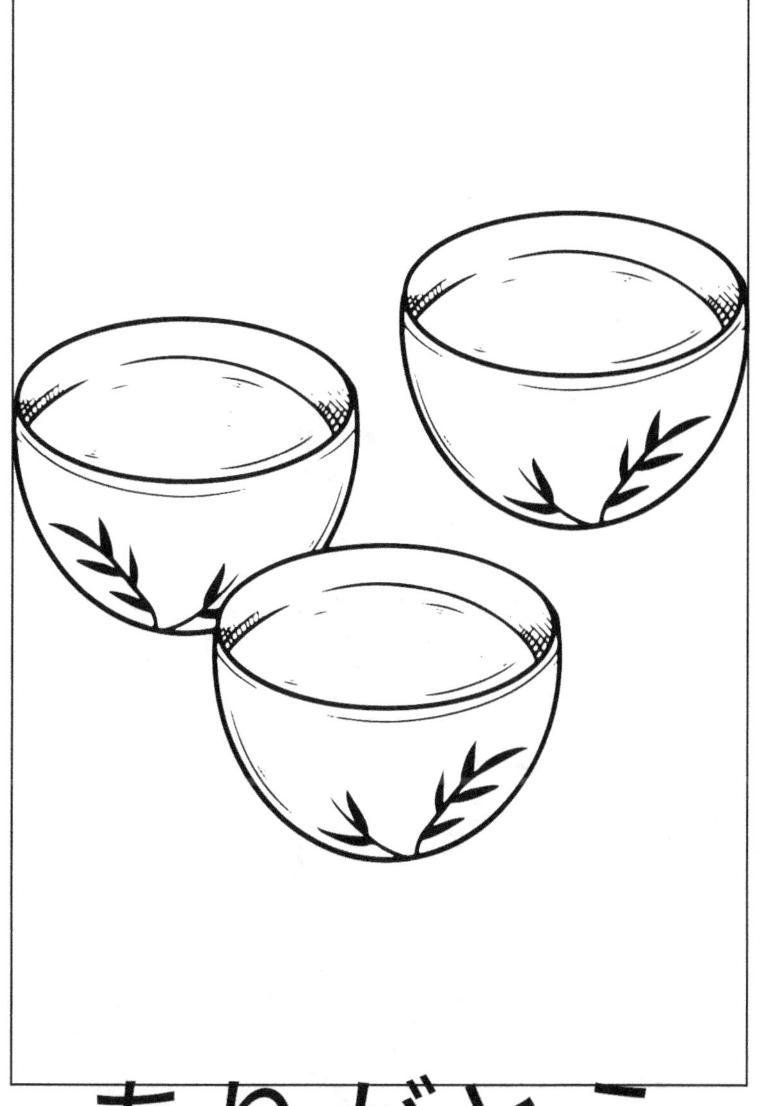

ありがとう

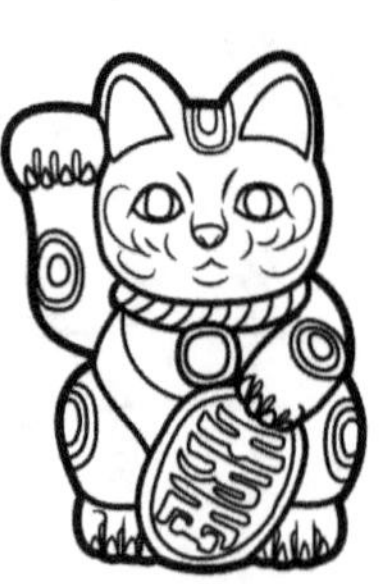

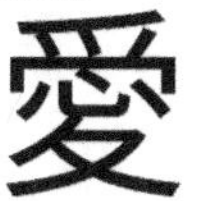

愛

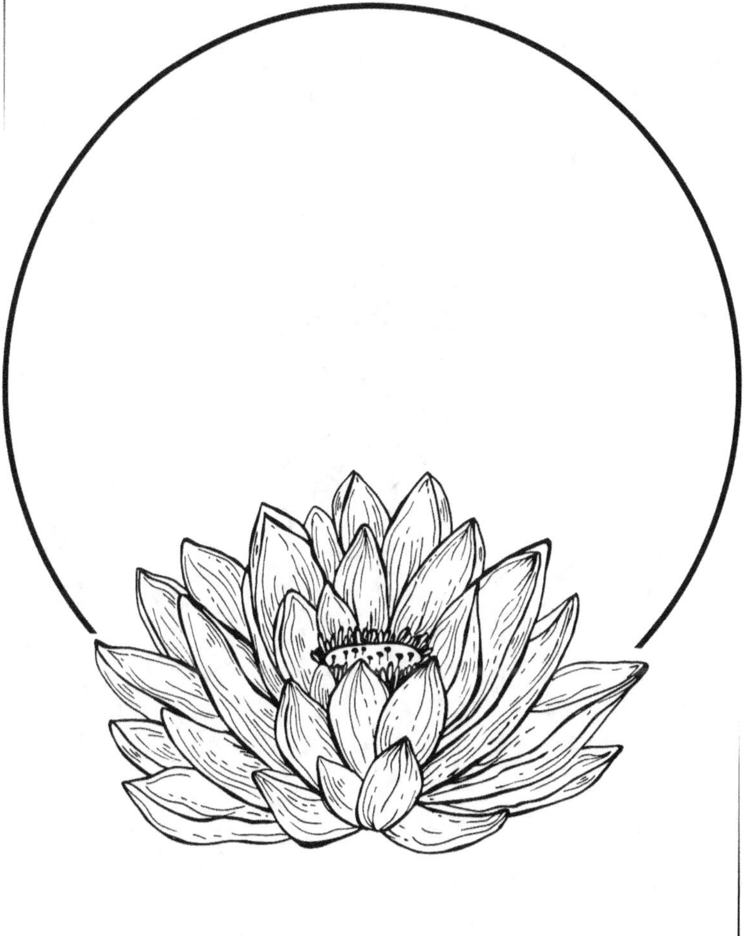

愛

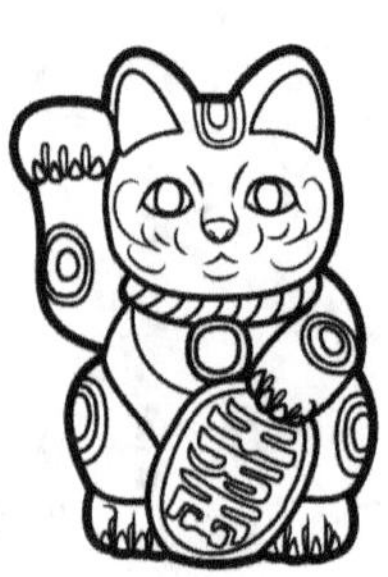

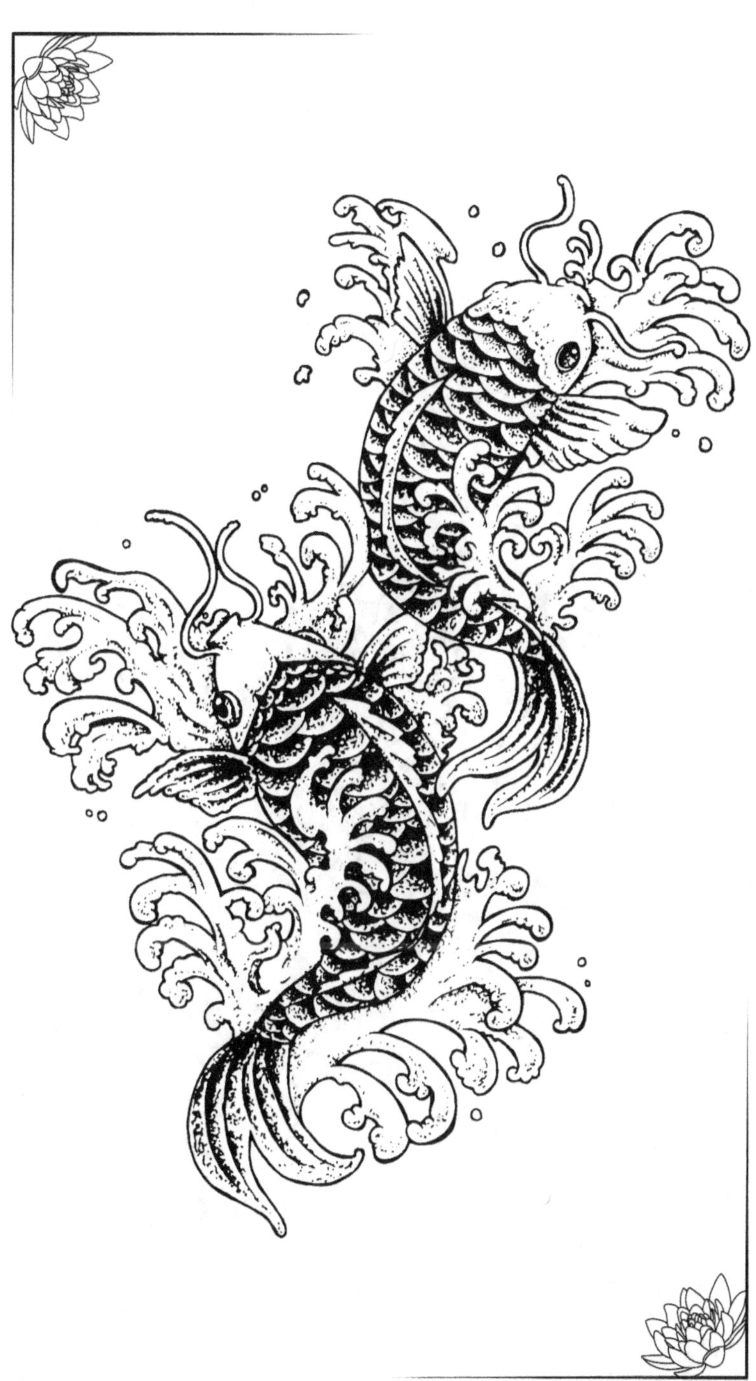

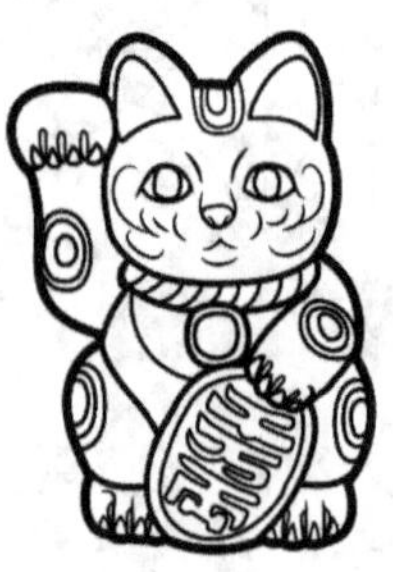

純度　　　　　　　　　　　純度

純度

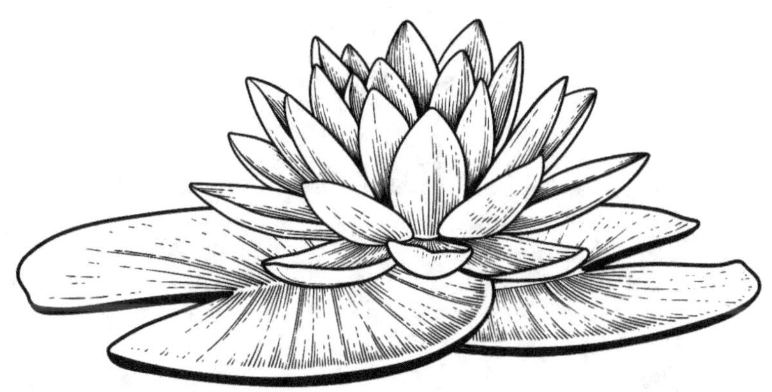

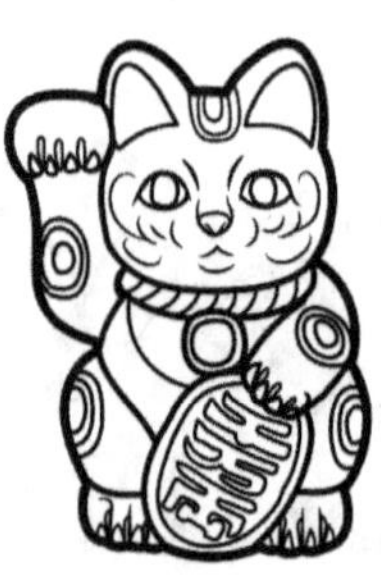

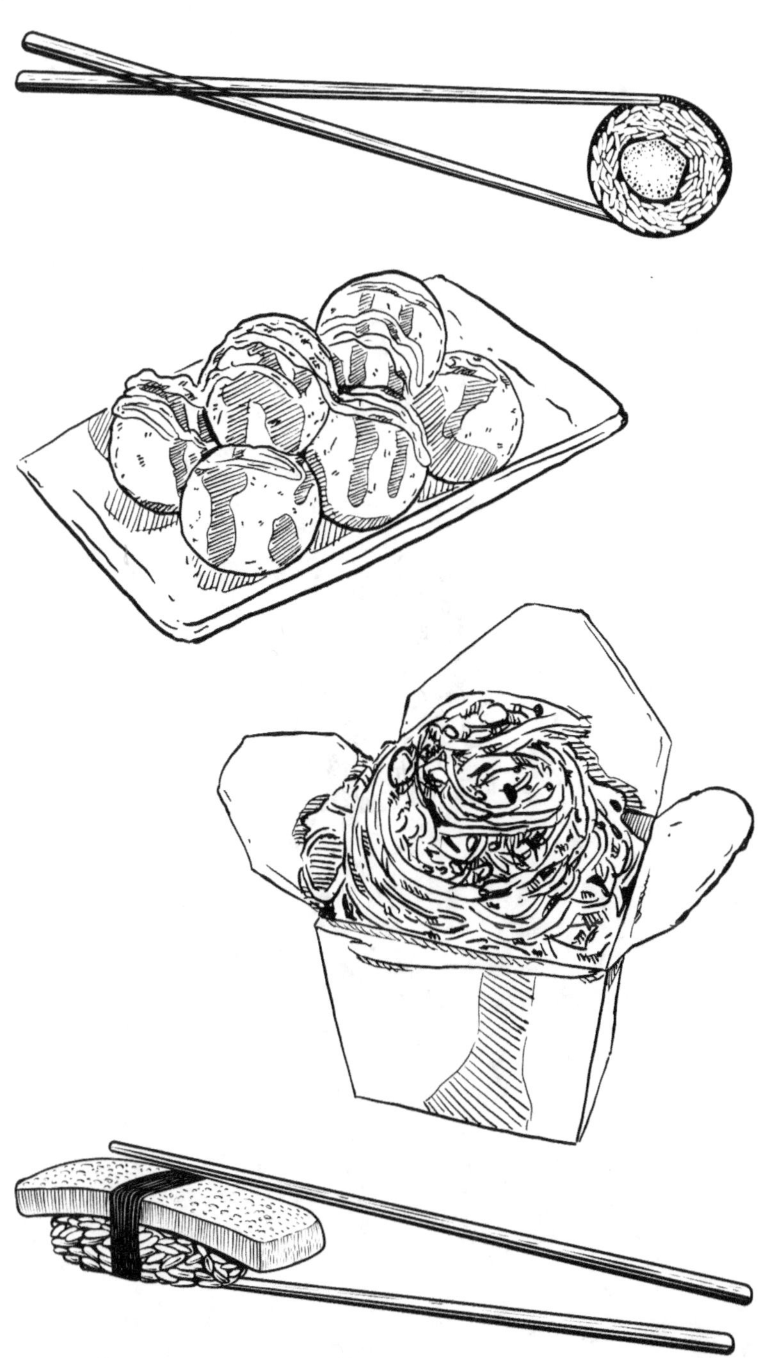

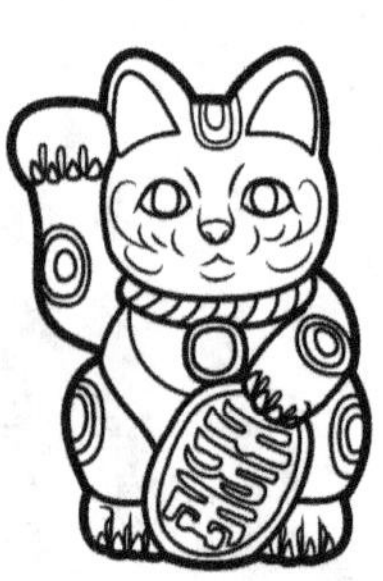

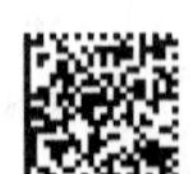

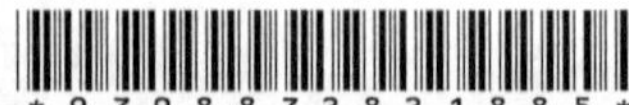